LE MAIRE

DE

VILLAGE,

PAR

M. DE CORMENIN.

PARIS,

PAGNERRE, ÉDITEUR.
RUE DE SEINE, 14 BIS.

PAUL DUPONT ET Cie.
Rue de Grenelle-St-Honoré, 55.

1847

LE
MAIRE DE VILLAGE.

Paris. — Imp. SCHNEIDER, 4, rue d'Erfurth.

LE MAIRE

DE

VILLAGE,

PAR

M. DE CORMENIN.

PARIS,

PAGNERRE, ÉDITEUR,

RUE DE SEINE, 14 BIS.

—

1847.

MAIRE DE VILLAGE.

Probité, charité, vigilance.

On croit communément qu'il suffit, pour être un bon Maire, de lire, à haute et intelligible voix, les circulaires du Ministre de l'intérieur, le recueil officiel des actes du Préfet et le Bulletin des lois ; de chiffrer couramment ; de présider, tant bien que mal, le conseil municipal ; de mener les conscrits au tirage du sort ; de remplir les blancs des imprimés dont le sous-préfet vous expédie le modèle, et de lui écrire pour se tirer d'affaire, dans les cas embarrassants.

Cependant les Maires ne doivent pas moins prendre, sous leur garde et à leur charge, le côté moral de leurs fonctions que le côté administratif.

L'exercice d'une Mairie, même de village, n'est qu'une suite de devoirs à remplir, — envers soi-même, — envers le Gouvernement, — envers la Commune, — envers les Habitants, — envers le Conseil municipal, — envers le Ministre du culte, — envers l'Instituteur, — envers les Pauvres.

C'est dans cet ordre, et spécialement à leur point de vue moral, que nous voudrions que tous les Maires de village entendissent leurs devoirs et pratiquassent les fonctions de leur honorable magistrature.

DEVOIRS ENVERS SOI-MÊME.

Tout d'abord, la bonne renommée, la bonne vie privée du Maire, doit singulièrement fortifier son autorité publique, relever la dignité du fonctionnaire, et rendre l'obéissance des administrés plus empressée, plus facile et plus douce.

Ainsi, le Maire ne doit pas se quereller en ménage, se relâcher de mœurs, se prendre chez lui de boisson, se railler des choses saintes; hanter les cabarets, les tripots et les billards, et y ravaler son caractère de magistrat parmi les pots et les cartes, soit parce que la double autorité dont il est révêtu se dégrade et se perd dans ces sortes de familiarités, soit parce qu'il ne pourrait pas faire fermer, aux heures indues, les cabarets dont il aurait été le compagnon, et réprimer efficacement les tapages de jour et de nuit qui s'y font, ni donner aux jeunes gens des conseils de sobriété, de tempérance et de retenue, qu'il démentirait par ses exemples.

Il ne doit pas transiger moyennant dons, taxes arbitraires, argent ou promesses, sur des crimes, délits ou contraventions, soit à son profit, soit au profit du garde champêtre ; tenir à titre de bail, de vente ou d'échange, par personne interposée, quelque domaine de la commune ; se servir, en un mot, de son titre, de son pouvoir, de son influence directe ou indirecte, pour augmenter son propre bien ; ruser pour gagner ; manquer à parole donnée ; enfouir son argent ou le placer à usure ; dénoncer à faux ses ennemis ; se venger au lieu de pardonner ; s'affranchir d'un impôt, d'une servitude, d'une prestation, d'une charge collective ou individuelle, pour s'appliquer un bénéfice, un lucre, un avantage quelconque.

Le Maire ne doit pas non plus favoriser, par des déclarations de complaisance, des jeunes conscrits, au préjudice de leurs camarades.

Témoigner devant la justice, par haine ou par faveur, dans les affaires criminelles, correctionnelles et de police.

Exagérer dans ses demandes, soit les frais de bureau de mairie, soit les frais des registres de l'état civil.

Opprimer par une terreur matérielle ou révérencielle, et altérer par des fraudes, le libre et pacifique exercice des élections départementales, communales et de la garde nationale.

Entraîner sa commune, par ressentiment ou par cupidité, ou même par peur, dans des procès injustes et ruineux.

Distribuer à ceux qui ne sont pas les plus indigents, les places gratuites de l'école, ou les secours de la charité, ou les indemnités discrétionnaires de l'administration.

Composer des masses noires, d'accord avec le Conseil municipal ou à son insu, à l'aide de produits accidentels, tels que sablières, carrières, marnières, pépinières et fonds de caisse.

Toucher en aucune façon aux deniers de la commune, le percepteur municipal étant seul institué pour recevoir et payer en son nom.

Omettre de justifier la dépense réelle des fêtes publiques et des allocations pour imprévu.

Et autres cas analogues.

Le Maire, dans tout emploi d'argent, dans tout bail passé, dans tout marché conclu, dans tout ouvrage commandé au nom, pour le compte et avec les fonds de la commune, doit stipuler les conditions, débattre les prix, suivre la filière, les incidents, la réception et la fin de l'œuvre ou des travaux, comme un tuteur le ferait pour ses pupilles, un père pour ses enfants, un propriétaire pour soi. Il faut qu'il ne laisse pas un sou de dépense sans justification ni sans preuve. Sa comptabilité doit être à jour et visible, pour ainsi dire, aux yeux de tous les passants.

Nous ajouterons que, si quelque incendie venait à éclater, ou si quelque inondation subite noyait la commune, le Maire devrait non-seulement se porter le premier au fort du danger, encourager son monde et diriger les secours, mais il devrait, en cas d'urgence, donner de sa personne, se jeter dans l'eau, dans le feu, et risquer sa vie; que si sa maison était brûlée, si ses champs avaient été ravagés, il ne devrait se faire indemniser que le moins de tous, et que le dernier; que s'il ouvre quelque liste de souscription en faveur des malheureux, il faut qu'il s'y mette en tête, et, relativement à sa fortune, pour la somme la plus grande.

Il doit savoir aussi et se rappeler sans cesse que le secrétaire de la mairie n'est pas fait pour écrire ses lettres d'amis, dresser ses comptes de maison, et copier ses actes de famille; ni le garde champêtre et le pâtre commun, pour surveiller ses blés, ses prés, ses vignes, ses bois et ses bestiaux, avant ceux des autres habitants; ni l'instituteur pour négliger l'instruction de l'enfant du pauvre, dans l'intérêt préféré des siens; ni l'agent voyer pour détourner, par complaisance, à travers ou le long de son domaine, le chemin vicinal dont la direction serait plus courte ou plus droite par ailleurs; ni les répartiteurs pour dégréver sa propriété, aux dépens d'une propriété moindre; ni les commissaires de rivières, pour ne lui imposer qu'une charge de curage plus légère qu'aux autres. En un mot, dans la répartition commune, il doit prendre, en bénéfice, la part la plus petite, et en détriment, non-valeurs et souffrances, la part la plus grosse; de façon qu'on ne puisse jamais dire qu'il est Maire, non pour les habitants, mais pour lui, et qu'il fasse voir, au contraire, qu'on ne peut le soupçonner de profit ou d'avantage personnel, en quoi que ce soit, et qu'il n'était pas possible de choisir, pour l'administration de la commune, un plus honnête homme.

Passant ensuite de ses devoirs particuliers envers soi-même, à ses devoirs généraux envers les autres, nous commencerons par les relations du Maire avec le Gouvernement.

DEVOIRS ENVERS LE GOUVERNEMENT.

Le Maire doit toujours se souvenir que, s'il tient son titre de Conseiller municipal de l'élection, c'est du Gouvernement qu'il tient son institution de Maire ; honoré d'une double confiance, il a un double devoir à remplir.

Plusieurs Maires se font des doutes bien singuliers sur leur fidélité comme agents du Gouvernement ; ils se trompent. Un Maire, en sa qualité de Maire, doit être aussi fidèle qu'un ministre. Il a juré qu'il le serait ; cela suffit. Qui l'obligeait à se laisser nommer Maire ? Personne. Tout Maire est fonctionnaire ; tout fonctionnaire est un mandataire ; tout mandataire doit un bon et loyal compte à son mandant.

Qu'importe que la mairie soit gratuite ? ce n'est pas le salaire qui engage le serment, mais la fonction. Qu'importe que le ministre soit un agent de commandement, et que le Maire ne soit qu'un agent d'exécution? L'ordre et l'exécution ne font qu'un seul et même acte. Et, non-seulement le Maire doit une fidélité sincère au Gouvernement, mais il lui doit un zèle multiple; car le Gouvernement, dans sa libérale confiance, lui a remis la rédaction des actes de naissance, de mariage et de décès, l'office accessoire de la police judiciaire, l'exercice de la police rurale, et l'application des lois administratives.

Avec de bons Maires partout et des ministres médiocres, la civilisation, la grandeur et le bien-être de la France feraient plus de progrès qu'avec de bons ministres et de mauvais Maires.

Sans doute un Maire de village, en veste et en sabots, les pieds au milieu des boues et la cravate au vent, est un bien petit personnage, le dernier de tous dans l'ordre hiérarchique des pouvoirs; mais il n'a pas moins de trente-deux mille compagnons qui gouvernent, comme lui, trente-deux mille communes rurales; mais ces trente-deux mille communes sont presque toute la France, et l'administration de ce beau pays aboutit, en définitive, au Maire, qui est à la fois agent de l'état civil, agent des tribunaux, agent de l'administration, et agent de la commune.

Résumons en peu de mots les obligations du Maire envers le Gouvernement, sous ces trois premiers rapports.

Comme officier de l'État civil, le Maire doit tenir régulièrement ses registres hors de la portée du feu, de l'humidité, de la main de sa ménagère et de la dent des rongeurs; sous clef, de peur qu'on ne les enlève dans un but criminel; sans blanc ni interligne, de peur des interpolations; les coter, les parapher, les clore chaque année et transmettre l'un des doubles au procureur du roi, pour les archives du tribunal ; y joindre les mentions, reconnaissances et pièces, soit judiciaires ou légales ; y relever l'âge des conscrits ; réunir et cataloguer les anciens registres curiaux, antérieurs à la révolution, et qui peuvent servir à constater l'état et la filiation des familles, la comparaison des populations, les recherches de la justice ; n'en délivrer des extraits et copies qu'à qui de droit, et pour les cas, circonstances et frais indiqués par les règlements et circulaires.

Comme officier de Police judiciaire, il doit prévenir d'abord avec douceur et paternellement, puis avec fermeté, s'ils continuent, les délinquants d'habitude, et ensuite dresser des procès-verbaux simples et brefs du délit, et les adresser au procureur du roi. S'il y a crime, il doit se mettre à l'instant sur sa trace, interroger les témoins, décrire les lieux, rassembler les instruments, objets et pièces de conviction.

et dénoncer le tout à l'autorité judiciaire.
S'il y a clameur publique et flagrant délit,
il doit faire arrêter et conduire le prévenu
devant l'autorité compétente.

Plus d'un délit, plus d'un crime même est
souvent resté inconnu par la faiblesse ou la
négligence d'un Maire. Un homme, une famille vole, pille, rançonne, dévaste, menace,
injurie, frappe les habitants et répand l'ef-
froi dans la commune ; le Maire n'ose les
dénoncer, il craint le ressentiment du coupable, de ses parents, de ses complices ; il
redoute que, par vengeance, on ne coupe
la nuit ses arbres, qu'on ne ravage son
verger, sa vigne ou ses blés, qu'on ne
comble ses fossés, qu'on ne brûle sa
grange, qu'on ne brise ses coutres et charrues dans les champs ; qu'on ne lui vole son
blé dans son grenier, son vin dans sa cave,
son poisson dans son vivier, ses légumes
dans son jardin ; qu'on n'empoisonne ses
vaches, chevaux, porcs, chèvres et moutons ;
qu'on n'inonde ses prés ; qu'on n'ensable ses

pâtures ; qu'on ne le bâtonne à sa rentrée de nuit, ou qu'on ne lui tire, de derrière une haie, quelque coup de fusil.

Toutes ces craintes ne sont pas fondées lorsqu'on est doux, juste, impartial et ferme. La résolution d'un homme de bien qui parle et qui agit au nom de la loi, impose toujours aux méchants. Il ne leur est pas si facile de s'attaquer criminellement au Maire de leur commune, sans être à l'instant même connus, dévoilés, pris au corps, incarcérés et punis. Le secours de l'autorité supérieure, d'ailleurs, ne lui manquerait pas. Son exemple officiel relèverait le courage des autres habitants qui joindraient alors hautement leurs plaintes et leurs dénonciations aux siennes. Mais, dût-il souffrir dans ses biens et dans sa personne, et n'être ni réparé, ni indemnisé, ni vengé, le sentiment seul de ses devoirs doit le soutenir dans leur accomplissement. S'il ne voulait pas remplir sa charge de Maire comme elle doit être remplie, pourquoi l'a-t-il acceptée? N'est-ce pas, pour un honnête homme, une suffisante compensation, que de faire son devoir et de s'en rapporter à Dieu? S'il ne se sent pas ce courage, s'il recule, s'il tremble, s'il faiblit devant le mal, qu'il se résigne et qu'il envoie sa démission! Que deviendrait la grande société, si, dans la plus petite société, dans la société communale, le crime intimidateur prévalait, et si force, à la fin, ne restait pas aux lois et à la justice?

Le Maire ne doit pas oublier qu'il a pour auxiliaires, dans l'exercice de la police rurale, son adjoint, les gendarmes, les gardes champêtres, les gardes forestiers, les gardes-pêche, les cantonniers, et, au besoin, la garde nationale.

Nous insisterons ici particulièrement sur l'utilité et les services de la Gendarmerie, cette institution tutélaire qui fait, presque à elle seule, la police, la sûreté et la tranquillité des campagnes. En effet, le procureur du roi, le magistrat d'instruction et le juge de paix siégent et demeurent dans les villes. Les gardes des champs, des bois et des rivières n'en imposent ni par leur manque de tenue militaire, ni à cause de la spécialité de leurs fonctions. Le Maire, trop rapproché des habitants, trop mêlé avec eux, trop craintif, n'a qu'une autorité civile dont les bornes sont connues, et qu'une autorité morale plus ou moins contestée. Il protége, il secourt, il conseille, il gronde même, il réprimande, il n'ose sévir.

Au lieu que les gendarmes sont de vieux soldats, aguerris, disciplinés, porteurs d'armes, et qui s'en servent. A leur aspect, les méchants tremblent, les coupables se réfugient, les bons se raffermissent, les timides osent et se découvrent, les muets parlent, le sourds entendent, les aveugles voient, les blessés, les injuriés, les volés, les menacés se plaignent et dénoncent. Les gendarmes font sans résistance, et sous l'indication, sous la conduite et sous la garantie des Maires, des visites domiciliaires.

Aux yeux des campagnards, la Gendarmerie est un tribunal qui marche, qui re-
cherche, qui note, qui désigne, qui inter-
roge, qui constate et qui saisit. Elle représente le droit vivant ; elle est l'œil, l'oreille
et la main de la justice. On lui révèle ce
qu'on n'oserait dire au Maire ; on lui confie
ce qu'on se dissimule à soi-même. Il n'y a
pas de braconnier, de déserteur, de malfai-
teur armé jusqu'aux dents, qui se permît
de porter la main sur un gendarme. Il n'y
a pas à le menacer, par écrit ou par parole,
de brûler ses gerbes, de couper ses arbres,
de saccager sa maison, d'attaquer sa personne, de le rançonner, de le piller, de le
tuer. Il a pour lui l'autorité, la force, la
vitesse, le procès-verbal, le cheval, les me-
nottes, le sabre et le fusil.

Tel est le prestige tutélaire de la Gendarmerie, que le jour où l'on apprendrait dans
les campagnes qu'elle est supprimée, il y a
plus d'une commune où il n'y aurait plus

guère de sûreté pour les personnes ni pour les propriétés, où plus d'un habitant, barricadé dans sa maison ou embusqué au coin de son verger, serait obligé de défendre contre le pillage et les violences, soi, sa famille et son bien.

Mendiants, forçats, vagabonds, voyageurs sans passe-ports, déserteurs, conducteurs de chevaux, voituriers sans plaque, charlatans, traînards, marandeurs, hommes à figure sinistre, rien ne lui échappe. Elle fouille, elle éclaire, la nuit et le jour, les bois, les rochers, les cavernes, les sentiers creux, les marais, les abîmes, les recels de toute espèce.

Chemins dégradés; moissons et prairies foulées aux pieds; vaches, moutons et chèvres en délit; bergers endormis; barrages de rivières surélevés; haies, pieux et clôtures arrachés, portes enfoncées, serrures brisées, arbres rompus ou coupés; fruits, fleurs, récoltes et légumes cueillis et dévastés; animaux égarés; lignes, engins, nasses et filets tendus pour le vol du poisson ; battues, collets, apparaux et appeaux pour la chasse du gibier, tant de plume que de poil ; bêtes et gens qui se cachent ou fuient, lorsque les gendarmes paraissent ; délits de toute sorte que les gardes champêtres, les gardes forestiers et les gardes-pêche, les Maires et les adjoints n'osent ou ne savent voir ni toucher, quoiqu'ils aient l'œil, le pied et la main dessus, se laissent voir, toucher, verbaliser et empoigner par les gendarmes. Ce qu'on ne leur dit qu'à moitié, ils le devinent. D'un simple indice, ils courent à la preuve. Les cimetières n'ont pas pour eux d'enfouissements et de secrets, et le dessous des lits, des sabots et des poutres, les coins de chambres, d'écuries et d'étables, sont fouillés, retournés, interrogés par eux en quelque façon, et les mettent sur les traces du délit.

Mieux que personne ils ont l'habitude de discerner le coupable et ses complices, dans le tremblement de leurs membres,

dans la pâleur de leur visage, dans l'égare-
ment de leurs yeux, dans l'incohérence de
leurs paroles, dans les précautions de leur
absence ou de leur fuite.

Un Maire qui sait, à temps et à propos,
appeler les gendarmes, les soutenir de ses
dires, de sa présence et de son autorité,
préparer leurs interrogatoires, diriger leurs
perquisitions sur le délit, le lieu, les témoins
et le coupable, peut facilement intimider les
méchants, rassurer les bons, et maintenir
la sécurité, la paix et l'ordre dans sa commune.

Mais c'est surtout dans les moments de
disette, d'émeute, d'attroupements, que l'influence morale du Maire doit se faire sentir,
pour que son pouvoir contienne les mutins,
que son ascendant domine les faibles, que sa
persuasion ramène les égarés. C'est à lui à
leur parler au nom du Gouvernement dont
il est l'organe, au nom de la loi dont il est
l'agent, au nom de leurs devoirs de citoyens,

au nom de leur intérêt de propriétaires, de pères de famille ou de travailleurs ; à les calmer, à les éclairer, à les séparer, à se rendre le premier au milieu d'eux, et à ne s'en retirer que le dernier.

De plus, et en tout temps, en toute occasion, et sans leur faire pour cela un cours en règle de législation criminelle, le Maire doit rappeler aux habitants que tout citoyen est censé connaître la loi, et il doit leur apprendre ce que c'est distinctement qu'un crime, un délit, une contravention, et quelle pénalité, lorsqu'on les commet, s'y attache, ne fût-ce que la privation, même passagère, de la liberté, de l'air des champs, du plein soleil, des joies de la famille. Il doit leur représenter la honte d'une condamnation pour eux, la douleur pour leurs parents ; la ruine d'une détention préventive ; la punition qui, tôt ou tard, finit par atteindre les délits, crimes et contraventions qu'on croit le mieux ensevelis dans l'oubli et dans l'ombre ; la pente qui conduit de la mauvaise foi aux détournements, et des petits vols aux grands vols; de la débauche du jeu, du vin et des femmes aux coups et blessures; des coups et blessures aux préméditations d'effraction et de meurtre; du maraudage des enfants au braconnage des hommes mûrs, du braconnage aux violences, des violences à la prison, de la prison à la récidive et de la récidive aux bagnes; et, pour rendre ces remontrances plus sensibles, il les appuiera d'exemples pris dans la commune ou dans les lieux circonvoisins, et il aura soin indirectement, et par manière de contre-exemple, de faire valoir l'ordre, la paix, l'amour du travail, l'aisance matérielle, le contentement de l'âme et le bonheur qui règnent dans les familles les plus pauvres, mais qui sont rangées, tempérantes, laborieuses, religieuses, morales, unies entre leurs membres, et soumises aux lois.

Comme officier de l'Administration, le Maire a des devoirs si multipliés, si universels et si variés, qu'il serait aussi difficile de les définir que de les limiter.

Impôt, recrutement, culte, instruction, agriculture, voirie, recensement, rien ne lui est étranger ; il fournit en toutes choses, dans le petit, sous la forme particulière de tableaux et renseignements, la matière première, la matière administrative qu'on lui renvoie ensuite digérée, apprêtée, manipulée dans le grand, sous la forme de statuts généraux.

Pour résumer, la loi prescrit, l'ordonnance réglemente, le ministre transmet, le préfet explique, le sous-préfet convoque, le conseil municipal délibère, le Maire exécute.

III

DEVOIRS ENVERS LA COMMUNE.

Les devoirs du Maire envers sa Commune ne sont pas moins nombreux que ses devoirs envers le Gouvérnement.

Le Maire, en effet, est le tuteur, l'officier, le gérant, l'homme d'affaires de sa Commune.

D'un côté, il représente auprès de la Commune, le Gouvernement, qui voit par ses yeux, qui parle par son organe, qui entreprend, surveille, protége et dirige par son action; de l'autre, il représente la Commune auprès du Gouvernement, il y exprime ses vœux, il y porte ses plaintes, il y défend ses intérêts. Gestion unique de la fortune communale, sûreté des habitations et des habitants, salubrité publique, viabilité, le Maire a tout dans la main.

Reprenons :

Sa gestion doit être celle d'un bon père de famille, vigilant, attentif aux vœux et aux besoins de la communauté. Il doit ne pas accéder, contre le vœu des habitants, aux réunions ou démembrements de leur territoire; ne pas souffrir une répartition inégale de tarifs, de prestations et d'impôts; ne pas laisser dépérir les édifices communaux, faute de réparations, ni les terres, faute de culture, ni les bois, faute de surveillance, ni les droits, rentes foncières et autres charges, servitudes et actions, faute de vigilance ou de perception en temps utile. Il doit renouveler les baux, stipuler les taxes conventionnelles, passer les adjudications de bois, de péages, de places et foires, aux prix les plus sûrs et aux conditions les plus avantageuses. Répartir les affouages, fruits et herbages communaux avec équité. Planter les bords des chemins vicinaux, les landes et les bruyères de peupliers, ormes, acacias, pommiers, platanes, selon la nature des terrains, la valeur des arbres et la température du climat. Reboiser les montagnes arides et dénudées. Assainir les palus, marécages et pâtures par des fossés de dérivation. Défricher les terres vaines et vagues. Indiquer et faciliter aux indigents laborieux, l'exploitation des carrières et sablonnières.

Le Maire, dans l'administration de la Commune, ne doit ni trop grever le présent, ni trop engager l'avenir. La Commune est un être moral qui ne meurt point. Il né faut donc pas qu'elle se conduise comme ces avides usufruitiers qui forcent la production des terres, sans leur rendre engrais pour fruits, et qui ne jouissent qu'un jour. Il est bon d'accroître le revenu des Communes par des moyens lents et successifs qui ne font pas peser sur la génération vivante des charges onéreuses et inégales à sa fortune.

Nous serions aussi d'avis qu'on préférât

des constructions simples, commodes et solides, à des constructions élégantes ou monumentales ; qu'on résistât, sur ce point, à l'ignorance, au mauvais goût et à la vanité ruineuse de certains docteurs de village ; que l'on consultât, pour chaque dépense, les ressources ordinaires et extraordinaires du budget, et qu'on se fît ménager, sans vilénie, de la bourse communale.

Au demeurant, le Maire de village n'a jamais à prendre d'initiative, en matière de haute administration. Il n'a pas même à dresser des règlements, si ce n'est d'urgence ou pour certains objets de police rurale, et plutôt encore par voie de rappel des statuts anciens, qu'à nouveau. Il suffit qu'il exécute avec zèle et ponctualité les ordres légaux du sous-préfet et du préfet.

Ses devoirs, sous ce rapport, ne manquent ni de diversité ni d'étendue ; car il doit tenir un registre des demandes et réponses officielles ; remplir avec brièveté les blancs des actes formulés et imprimés que le sous-préfet lui envoie pour sa commodité ; promulguer les lois dans les formes prescrites, formes essentielles et obligatoires ; placarder les affiches des lois, listes, tableaux et instructions sur les murs de la mairie ou du porche des églises, et en outre, les lire publiquement le dimanche à la sortie de la messe, au peuple assemblé, selon qu'il leur a été dit de les afficher ou de les lire, ou de faire tous les deux à la fois ; convoquer régulièrement, sur l'invitation du préfet, le conseil municipal ; dresser les tableaux de population, de contributions, de recrutement, de cadastre, de voirie, de cours d'eau, d'instruction, de commerce, d'agriculture, d'épidémie, d'épizooties et de statistique sur toutes sortes d'objets, dont l'administration supérieure lui adresse la réquisition, et qui, plus tard, selon leur exactitude, peuvent fausser ou vérifier la base des lois. Lui-même, il doit, pour s'éclairer, consulter par écrit ou verbalement, selon les distances ou l'urgence des cas, soit le sous-préfet, soit le préfet.

Le zèle laborieux que met le Maire à gérer la fortune patrimoniale de la commune ne doit pas l'empêcher de pourvoir avec vigilance à la sûreté des habitants, au bon ordre et à la tranquillité publique.

Et, pour résumer ici ce que nous reprendrons plus en détail un peu plus tard, le Maire ne doit pas tolérer les attroupements tumultueux qui troublent l'ordre public; les danses où la pudeur est blessée; les insultes, cris ou voies de fait contre les ivrognes, ni ceux que les ivrognes se permettent envers les passants; les jeux et divertissements où, par cruauté, l'on fait souffrir les animaux; les ruptures de barrières et d'échoppes, et les expulsions arbitraires des marchands fixes ou ambulants sur les places, foires et marchés, non plus que les encombrements de la voie publique et le mépris des tarifs légaux ou convenus.

Il doit visiter successivement tous les coins et recoins de sa commune, le centre, les hameaux et leurs dépendances ; s'enquérir du nom, des biens et des facultés pécuniaires, des usages et des mœurs des habitants, de leur ancienneté et de la filiation des héritages et familles, de leur bonne ou mauvaise renommée ; surveiller les repris de justice, forçats et libérés qui sont sortis de la commune et qui y rentrent, ou qui, n'étant pas du pays, viennent s'y fixer ou qui le traversent et y jettent du mal, du trouble ou de la terreur ; ne délivrer de passe-ports que sur des témoignages suffisants ; visiter les auberges et les registres d'hôtellerie ; accourir aux rixes des cabarets, tapages et veilles trop avancées de nuit, et y mettre défenses et fin ; ordonner la fermeture des maisons de tolérance non autorisées ; interdire les loteries et jeux prohibés ; prescrire l'abatage des chiens errants ; faire conduire, devant qui de droit, les personnes prises en flagrant délit de meurtre ou de vol.

Le Maire doit aussi pourvoir à la démolition immédiate des maisons qui menacent de s'ébouler sur les passants ; à l'éloignement des meules de foin et de paille trop voisines des habitations ; à l'enlèvement des auvents, poutres, pierres, fumiers et autres amas qui barrent, obstruent et gênent la circulation des rues ; à la mise à l'écart des charrues, enclumes, voitures et autres objets encombrants qui stationnent la nuit sur la voie publique, et qui pourraient blesser les animaux et les hommes ; au comblement des trous, excavations, trappes de caves ; au ramonage des cheminées ; au dégagement des arches de ponts ; à la consolidation des digues et chaussées ; aux rondes et tournées de nuit, appels de la garde nationale et sonneries de cloches, en cas d'incendie, d'inondation, d'émeutes et autres accidents de force majeure.

Les cas de responsabilité soit personnelle,

soit communale, n'échapperont pas à l'attention du Maire. Si, pour garantir la liberté
de son action, la loi ne permet pas que le
Maire soit traduit devant les tribunaux,
sans l'autorisation préalable du Conseil
d'Etat, il ne doit pas oublier que cette
garantie ne couvre ni ses actes, comme
officier de l'état civil ou comme officier de
la police judiciaire, ni les délits qu'il
commettrait en dehors de ses fonctions
administratives ; mais seulement les faits
qu'il accomplirait, en qualité d'agent du
gouvernement, et dont le gouvernement a
été constitué le seul appréciateur, sauf sa
responsabilité.

Son devoir est pareillement d'avertir
les habitants de se réunir et de se porter
en masse au secours des maisons ou champs
qui seraient attaqués, pillés, ravagés par
des bandes de délinquants ou de criminels,
à main armée et avec violence. Aux termes
des lois, les communes répondent des
dévastations exercées sur leur territoire,

et ceci est fondé sur le principe d'une solidarité fraternelle, chaque commune étant censée ne faire, entre tous ses membres, qu'une même famille.

Après avoir pourvu à la sécurité publique, le Maire doit veiller à la subsistance des habitants, à leur santé et à la salubrité de la commune.

La subsistance du peuple comprend le pain, la viande, les boissons.

Tout Maire doit garder et maintenir la liberté du transport, de la sortie, de l'arrivée et du commerce des grains, à prix débattu. Si, en effet, la circulation est arrêtée; si l'administration vend à perte; si le prix est fixé et forcé, alors le blé se resserre, le négoce cesse, les greniers se ferment, les capitaux se cachent, les marchés sont vides, les gens peureux s'approvisionnent clandestinement et au delà de leur faim et besoin, et les céréales haussent d'une hausse artificielle. En même temps, ses avertissements et ses bonnes persuasions doivent rassurer les terreurs paniques, et éveiller dans tous les cœurs les sentiments d'une bienveillance réciproque.

D'un autre côté, le pain mis publiquement en vente doit être bien élaboré, fermenté, boulangé, fait de farine saine, qui ne provienne pas de blés relavés et remoulus, et, de plus, on aura soin qu'il ne soit ni altéré par des substances métalliques, ni gonflé par l'humidité, ni pesé à faux poids, ni vendu plus cher que la taxe.

Pareillement, les bouchers, charcutiers, cabaretiers et autres marchands de comestibles, ne doivent vendre ni viandes gâtées, ni boissons falsifiées, ni gibier, volailles, fruits et légumes pourris, et, par les soins et à la réquisition du Maire, toutes ces denrées et marchandises doivent être, s'il y a lieu, et par voie de police sanitaire, saisies, confisquées et enterrées.

Le droit de visite et d'inspection des Maires, même de village, s'étend sur tous les comestibles, vins, cidres, poirés, eaux-de-vie et autres liquides ; sur le pain, la viande, le lait, le beurre, le poisson d'eau douce et de mer, les pommes de terre trop tôt moitées ; mais cette surveillance doit s'exercer avec honnêteté, égards, discrétion et mesure.

De même, le devoir du Maire est de dénoncer et de poursuivre les rebouteurs, charlatans, marchands d'amulettes, tireurs d'horoscope, qui abusent de la crédulité du peuple, entravent l'exercice de la médecine autorisée, et débitent des drogues dangereuses ; d'empêcher qu'aucun marchand domicilié, autre que les médecins, chirurgiens, pharmaciens ou herboristes, ne vende des médicaments, simples ou composés ; d'interdire tout débit de mixtures quelconques, sur les places publiques, par les charlatans et guérisseurs ambulants, et toute affiche imprimée de remèdes secrets ; enfin, de ne délivrer aucune permission pour l'achat des substances vénéneuses.

En cas d'épidémie, il y a lieu d'avertir, dès les commencements et sans éclat, l'autorité supérieure; de calmer les imaginations; d'aller aux plus pressés, aux malades indigents; de s'entendre sur les secours à donner et les premières dépenses à faire, avec les ministres des cultes, le conseil municipal et les principaux habitants; enfin de ne pas permettre la sonnée des cloches, de peur d'augmenter l'alarme publique.

En cas d'épizootie, c'est le devoir du Maire de recommander et d'opérer la désinfection de l'air, soit dans les salles où seraient entassés les malades, soit dans les habitations malsaines des campagnes, soit dans les écuries, bergeries, bouveries et étables; de purifier les murs, les pailles, les linges et les vêtements par l'emploi du chlorure de chaux et de l'oxyde de sodium, et même de faire, sans délai, des fumigations au sel commun et à l'acide sulfurique.

S'il y a dans la commune, des fabriques

et manufactures dangereuses, insalubres ou incommodes, le Maire doit, dans l'intérêt de la santé publique, consulter attentivement et, s'il y a lieu, appliquer les mesures salutaires de la législation en ce point, afin que les conditions de la vie des hommes et de la végétation des plantes ne soient pas altérées par les vapeurs méphitiques de ces établissements.

Il ne doit pas souffrir qu'on jette par les fenêtres, sur les rues ou places publiques, de l'urine et autres ordures, ni des corps morts d'animaux, ni des excréments de basses-fosses et retraits ; ni que les habitants gardent dans leurs maisons, sises en plein bourg, des eaux croupies, gâtées et corrompues ; ni que des bouteilles et verres cassés embarrassent la voie et blessent les passants ; ni que des excavations et trappés restent sans éclairage ; ni que des ruelles infectes soient ouvertes pendant la nuit ; ni que les contrevents des fenêtres des rez-de-chaussée battent sans retenue ; ni que des gouttières proéminentes versent leur eau sur les piétons, ou dégradent les chemins.

Ils doit aussi faire nettoyer, curer, creuser, entretenir de bonnes cordes et poulies, les puits publics qui fournissent de l'eau potable aux habitants, et entourer de margelles et défenses les puits particuliers et à fleur de terre, de crainte d'accidents.

Il doit également interdire aux habitants de laisser couler le purin et les eaux ménagères, savonneuses, bourbeuses, sanguinolentes, sur la voie publique ; d'arroser les rues avec les eaux du ruisseau ; d'y déposer des fumiers ; de répandre sur les terres des matières fécales, avant leur consommation ; d'accumuler les vidanges dans les jardins ou dans les lieux habités ; d'altérer l'eau des fontaines ou des citernes, mares, étangs, cours d'eau, qui servent à l'usage des hommes ou à l'abreuvage des bestiaux ; d'y laver les laines et étoffes des blanchisseries ou dégraisseries : de laisser se tarir, par défaut d'ombrage, ou se corrompre par des amas de feuilles, ou par l'afflux des eaux des fumiers, des étables et des basses-cours, les abreuvoirs publics; d'y conduire des bêtes contagieuses.

Le Maire doit empêcher qu'on n'attache les personnes mordues de chiens enragés ou qu'on ne les étouffe. Si c'est un indigent, il fera venir, à l'instant même, le médecin pour cautériser la plaie. Il ne permettra pas qu'on garrotte les fous errants, si ce n'est qu'ils soient furieux, et qu'alors on les enchaîne sans les blesser; il veillera à ce qu'on n'ensevelisse pas les gens frappés de léthargie, avant que des signes visibles de mort et de putréfaction n'apparaissent, ni, dans tous les cas, qu'on ne les enterre point sans son autorisation, et sans que vingt-quatre heures ne se soient écoulées, depuis le décès; enfin qu'on ne se livre et qu'on ne s'excite pas, dans les fêtes publiques, à des combats d'animaux, de taureaux, de chiens, de coqs, au tir à l'oie, et autres barbaries.

Pour les noyés, on les sortira immédiatement de l'eau ; pour les pendus, on coupera tout de suite la corde ; pour les asphyxiés par respiration de vapeurs, coups de tonnerre, feu, etc., on leur prodiguera tous les secours provisoires, et l'on enverra chercher le médecin.

Le Maire fera aussi curer les fossés bourbeux et pestilentiels, tant à l'entour des héritages que le long des chemins vicinaux.

Il veillera également à la clavelée des moutons, à la morve des chevaux, à l'enflure des espèces bovines, à la vente des bêtes saines, à l'abatage et à l'enfouissement des bêtes malsaines.

Nous avons connu un Maire qui pratiquait toutes ces règles de la manière la plus exacte et la plus heureuse.

Il avait fait curer le ruisseau de son village rempli, à la longue, de boue amassée et infecte ; élargir et creuser les fossés d'écoulement qui bordaient les jardins; dessécher les marécages, dont les exhalaisons engendraient la fièvre; nettoyer d'herbes et de joncs, les sources et fontaines et leurs courants et rigoles; dégager le tour de l'église, des ruines de l'ancien cimetière, trop étroit pour la population qui s'augmentait; il l'avait fait transporter au dehors du village, dans un lieu élevé et sain, entouré de bons murs et planté d'arbres.

Il avait créé, au milieu du bourg, une promenade dont l'ombre garantissait les habitants des ardeurs du soleil. La rue principale, et qui conduisait à l'école, à l'église et à la mairie, avait été foncée, entretenue et réparée en petites pierres brisées et bien jointes qui formaient un pavé solide, et résistant aux roues des voitures et aux pieds des animaux et des hommes.

Il avait interdit aux propriétaires ou locataires, d'extraire de leurs vinées, écuries et étables, et de déposer à leurs portes, les fumiers et amas de fruits et de restes pourris qui font de tant de villages des cloaques empoisonnés.

Il donnait aux habitants de sages conseils sur l'avantage d'exposer leurs maisons au midi; d'agrandir leurs fenêtres; de carreler les planchers; de blanchir à la chaux les murs et plafonds; de ventiler les chambres à coucher; d'éloigner le trou à fumier; de curer les mares; de boire, dans la canicule, des boissons acidulées; de clarifier leur eau; de se tenir les pieds, la tête et les reins vêtus et couverts.

Il rappelait à la vie, par des moyens simples et expéditifs, les insensés qui se pendaient et les imprudents qui se noyaient. Il faisait scarifier devant lui, avec un fer chaud, les plaies des gens mordus par des chiens soupçonnés ou atteints de la rage; rouir les chanvres dans des fosses profondes, loin des eaux courantes et des habitations; enfouir avant dans la terre, les moutons, vaches, chevaux et autres animaux abattus pour cause d'épizootie:

vacciner gratuitement les petits enfants ; conduire à l'hôpital, et sans les froisser, les fous furieux, errants par les campagnes, et appréhendés à la réquisition de leurs parents ou sur la clameur publique.

Il défendait la vente des fruits pourris, des viandes gâtées et des vins corrompus ; il s'entendait avec l'hospice voisin pour y faire admettre les campagnards qui se fracturaient un membre ou qui, frappés subitement d'une maladie grave, n'auraient pas eu de quoi payer la visite d'un médecin, ni les médicaments. Lui-même, aidé du curé, tenait en réserve, pour le service des cas d'urgence, les remèdes provisoires et chirurgicaux les plus simples.

C'est ici que nous devons dire que la situation particulière de chaque commune impose au Maire certains devoirs d'exception.

Si, par exemple, le village est assis au bord d'un étang ou d'un marais, dont les vapeurs fétides corrompent l'air et engendrent les maladies des hommes et des animaux, le Maire doit provoquer le dessèchement, tout en conservant les servitudes d'abreuvage et de pacage.

Si le village est riverain d'un canal navigable et flottable, les habitants doivent être avertis par le Maire :

De ne pas détériorer les berges ou digues, ni de leur enlever, même à titre d'emprunt, les terres, pierres, bois et autres approvisionnements; de ne pas endommager les plantations, couper, déraciner ou déterrer les troncs ou racines des vieux arbres morts; de ne pas empêcher le dépôt des terres, vases, tasses, graviers et sables provenant des ouvrages et autres déblais des canaux; de ne pas faire paître les bestiaux sur les chemins de halage, les levées et chaussées des canaux et de leurs rigoles; de ne pas les parcourir avec des voitures, charrettes ou bêtes de somme; de ne pas y pêcher, ni y abreuver les bestiaux, ni y faire rouir des chanvres.

ni y pratiquer des lavoirs; de ne pas les traverser à gué, ni y faire des ouvertures ou dérivations, ni y jeter des immondices; de ne pas en faucher les herbes, ni en labourer ou niveler les francs-bords.

Si le village est bordé ou traversé par un cours d'eau non navigable, il faut que le Maire avertisse les meuniers, usiniers et riverains qu'ils ne peuvent ni absorber les eaux, ni élever le niveau des déversoirs, ni repousser, par des gords et épis, la rivière sur les fonds opposés; ni interdire le passage des gués, ni les creuser; ni empoisonner de drogues les ruisseaux, les rigoles, sources et fontaines qui y coulent ou qui en dérivent; ni permettre de les barrer; ni refuser de les curér des boues, sables, joncs, herbages et atterrissements qui les gâtent, les envasent, les obstruent et les exhaussent.

De même, il faut que le Maire assure aux riverains, autant qu'il dépend de lui, la libre exploitation de la pêche, par compensation de la triple charge du curage, des inondations, et de la servitude de passage, qui pèse sur eux.

De même encore le soin intelligent des irrigations, d'où dépend peut-être la grande et future prospérité de l'agriculture française, leur étude au moins, mérite toute l'attention, toute la sollicitude du Maire.

Du reste, le Maire a certains devoirs généraux à remplir, qui sont sont à peu près les mêmes dans toutes les communes, et qui consistent à veiller :

A ce que les voituriers aient des plaques de métal avec leur nom, leur numéro et leur domicile.

A ce que la commune afferme la chasse et la pêche dans ses bois et dans ses eaux.

A ce que l'horloge, les fontaines, les pompes à incendie et accessoires, l'éclairage des rues, l'enlèvement des boues, les caisses et les armes de la garde nationale, les murs, toits et clochers des églises, les mairies, les maisons d'école, les bâtiments ruraux, les presbytères, cimetières, jardins, enclos et dépendances, les ponts, digues, aqueducs, chaussées et passerelles, soient mis en bon état de réparation, d'entretien et de service.

A ce qu'on ne laisse pas dans les champs, à la disposition des malfaiteurs, les coutres de charrue, ni les échelles à la porte des maisons; ni les fours, cheminées et usines sans ramonage ni réparation; ni des feux allumés, des fours à chaux ou à plâtre, des briqueteries et des tuileries, trop près des bois; ni qu'on porte des pipes et lanternes mal closes dans les écuries, étables, granges, greniers à foin, ou à l'approche des meules de grains; ni que ces meules elles-mêmes soient placées à côté des habitations; ni que les toits des maisons et granges se recouvrent de joncs et de paille; ni qu'on pratique imprudemment des essartages.

A ce que, en cas d'inondation, et sur les signes visibles d'afflux des eaux, les rivières soient visitées; les obstacles qui entravent leur cours, enlevés; les objets entraînables retirés des ports, quais, grèves et abords des rivières ; les barques, bains, lavoirs, garés et amarrés solidement ; les vannes des moulins levées ; les glaces adhérentes aux ponts, moulins, usines et berges, cassées et détachées.

A ce qu'on réunisse, qu'on appelle et qu'on dirige le zèle et les efforts des habitants sur les points envahis ; à ce que les mariniers soient requis, les maisons évacuées, les effets recueillis, les déclarations de pertes constatées.

A ce que les mines, tourbières et carrières reçoivent l'application des lois et règlements de sûreté, pour la viabilité des chemins, le roulement des voitures et la sureté des piétons.

A ce que les pâtres et bergers communaux ne gâtent point les récoltes.

A ce que les meuniers n'altèrent point ni le poids des farines, ni l'exactitude des balances, ni l'identité des grains.

A ce qu'aucun cultivateur ne soit arrêté,

sans qu'il ait été pourvu à la garde et sécurité de ses bestiaux.

A ce que les animaux, engrais, ustensiles et autres meubles et instruments utiles à l'exploitation des terres, ne soient pas saisis pour l'acquit de l'impôt.

A ce que les nourrices, femmes de la campagne, soient sévèrement rappelées à leurs obligations, mais exactement payées.

A ce que les règlements et coutumes sur l'élève, la garantie et la possession des abeilles, oies et pigeons, soient exactement observés.

C'est également au Maire qu'il appartient de protéger la liberté de l'agriculture, inséparable de la liberté du commerce; de combattre les préjugés des habitants qui s'imaginent que les prairies artificielles diminuent les céréales, tandis qu'elles enrichissent le sol, le cultivateur et la contrée, en multipliant les fourrages, qui multiplient

les bestiaux, qui multiplient les engrais,
qui multiplient les céréales.

D'empêcher qu'on n'arrache les haies
vives ou sèches; qu'on ne supprime les
bornes ou pieds corniers; qu'on ne déclose
les héritages et qu'on ne passe, si ce n'est
pour cause d'impraticabilité du chemin,
sur le terrain d'autrui.

De faire respecter, soit le droit commun,
soit les usages locaux qui y dérogent, relativement au chaumage, aux regains, gla-
nage, râtelage, grapillage, droits de pacage,
paissance et glandée.

Aux extractions de marne, fumiers ou engrais sur le terrain d'autrui, sans sa permission.

A l'échenillage, aux vendanges, aux
pacages dans les plants de câpriers, d'oli-
viers, de mûriers, de grenadiers, d'oran-
gers.

Aux défrichements, plantations et semis;
à l'enlèvement, dans les bois et forêts des
communes, des faînes, glands, herbages,

châblis ou bois mort, sans autorisation spéciale.

A la marque des bestiaux des usagers pour l'interdiction des chèvres, brebis ou moutons dans les forêts; à la garde des bois non défensables; au droit, coupe et distribution des affouages.

A l'étendue, aux réserves, au mode d'exercice, au cantonnement, s'il y a lieu, et aux époques de jouissance des droits de parcours et de vaine pâture.

Aux secours, allocations et indemnités que les communes ont a réclamer en cas d'inondation, d'incendie, de grêle et autres calamités naturelles, mais extraordinaires et subites.

Le Maire ne doit pas être moins jaloux de procurer à sa commune, les inestimables avantages d'une bonne viabilité. Il doit s'entendre avec le conseil municipal, pour qu'il y ait peu de chemins vicinaux, mais pour qu'ils soient bien empierrés, bordés de fossés pour l'égoût des eaux, pas trop ombragés par les arbres riverains, larges à passer deux voitures, et embranchés sur la route départementale qui mène au canton. Leur réparation sera donnée à la tâche, à tant de mètres pour tant de journées dues. Les prestations en nature des plus riches, converties en argent, d'après leur consentement, serviront de salaire aux plus pauvres qui travailleront sous la conduite d'un agent voyer. Des ponts de pierre, des ponceaux à claire voie, des passerelles et des gués affermis joindront les différents hameaux au bourg, et compléteront l'ensemble de la voirie rurale.

Les canaux, les routes royales et les chemins de fer, en accélérant le mouvement des voyageurs, des capitaux et des marchandises, font le bien du royaume; les routes départementales, celui des arrondissements et des cantons, et les chemins vicinaux, celui des communes.

Comment transporter les meubles d'un lieu

à l'autre, par des chemins défoncés? comment alors pouvoir échanger les denrées de la production, contre l'argent des consommateurs?. comment employer aux charrois, les bêtes âgées ou faibles? comment occuper, l'hiver, les animaux de trait qui, dans l'écurie ou à l'étable, dépensent sans profit? comment amener aux ports d'embarquement et sur le marché des villes, les pierres des carrières, les sables, les minerais, les bois coupés, les foins emmagasinés, les blés vannés? Tous les ouvriers de la campagne, les batteurs en grange, les laboureurs, les fermiers, les carriers, les bûcherons, les charrons, les manœuvres de toute espèce, ne souffrent-ils pas de cette inertie forcée, de ce temps d'arrêt, auxquels l'impraticabilité des chemins ruraux condamne le travail? Les enfants peuvent-ils se rendre à l'école, les femmes à l'église, les vieillards à la mairie, les infirmes à leur travail, les consommateurs au lieu de la vente? Ne serait-il pas à propos d'instituer un cantonnier qui, moyennant un léger salaire, parcourrait, à des époques fixes, nos chemins vicinaux dans tous les sens, rabattrait les ornières, casserait les mottes, ouvrirait des coulées, relèverait les fossés, et indiquerait, par des rapports verbaux, à la surveillance et à la répression du Maire, les chemins interceptés, rétrécis ou usurpés ?

C'est de la sorte que nous entendons la bonne et matérielle gestion d'un Maire.

Mais le soin des personnes ne doit pas moins l'occuper que celui des choses, et tout ce qui se rapporte à la moralité, à l'économie domestique, au bien-être des Habitants, rentre aussi dans l'ordre de ses devoirs les plus intelligents.

IV

DEVOIRS ENVERS LES HABITANTS

Oui, nous exhortons de toutes nos forces le Maire à mettre au nombre de ses devoirs les plus impérieux et les plus pressants, l'ordre économique, moral et charitable de sa commune.

Quel digne, quel perpétuel sujet de ses préoccupations!

Ainsi le Maire doit, par ses bons conseils, par des explications claires et même par son exemple, inviter les travailleurs de sa commune, et les domestiques des deux sexes, à prendre le chemin de la ville et à y aller déposer l'excédant de leur gain, le montant de leurs gages. Les usuriers, les marchands véreux, les spéculateurs insolvables, sont à l'affût du campagnard lorsqu'il se rend au marché. Ils le circonviennent, ils l'enjôlent et ils le soutirent. Ses petites et laborieuses économies vont s'engouffrer dans des mains d'où elles ne lui retourneront plus. Au lieu qu'il trouve dans la Caisse d'épargne, une administration honorable et gratuite, un abord facile, des formalités simples, toute sûreté de dépôt, la fructification de son capital, une accumulation insensible de pécule, s'il y revient; une remise prompte, certaine, intégrale, s'il veut ravoir son argent ; enfin un débiteur, mieux que cela, un dépositaire toujours riche, toujours solvable, dans la personne de l'Etat. En portant son argent à la Caisse d'épargne, il n'a plus la crainte qu'il ne le perde ou qu'on ne le lui vole, ni qu'on ne le lui emprunte sans qu'il puisse ou qu'il ose le refuser. Il n'a plus la tentation de le dissiper au jeu, au billard, au cabaret, comme s'il l'avait là, sous la main. Lui seul a le secret du lieu où il l'a mis et du gros de la somme, ce qui plait tant au campagnard, naturellement discret et réservé. S'il veut se marier, ou soulager sa vieille mère, ou se mettre dans ses meubles, ou se munir d'habits, de linge, de semences, d'ustensiles, ou se donner une vache, un porc, un cheval, ou acheter un morceau de terre, de pré, de bois, de vigne, ou payer les frais d'une succession, ou bâtir une maison, ou liquider une société; il a son affaire dans son livret, et son livret dans sa poche. Quel placement, pour la certitude du dépôt, pour la commodité de la possession et pour la promptitude de la rentrée, peut équivaloir à celui-là?

Le Maire ne pourrait-il pas non plus engager, s'il y a lieu, les ouvriers laborieux de sa commune, à s'entendre mutuellement pour se secourir et se retraiter, à l'instar des ouvriers des villes? Sans doute, ils s'imposeront difficilement une souscription mensuelle, même légère, ces travailleurs campagnards, qui gagnent si peu d'argent et qui se défient des tontines dont ils ne voient pas la combinaison, le jeu, les résultats; mais il ne faut pas désespérer de réussir avec les conseils du curé, l'exemple et l'aide des habitants les plus instruits et les exhortations du Maire.

Il y a aussi lieu d'espérer que les possesseurs de parcelles de terre, sentiront l'utilité de les réunir par des échanges avantageux à chacun des échangistes ; que les forces éparpillées des travailleurs, sans porter atteinte à l'inviolabilité, aux devoirs, aux douceurs de la famille, aux attraits du domicile individuel, s'appelleront, se convoqueront, se confondront, se conjoindront, pour s'épargner au profit de chacun, par un commun effort, du travail, du temps et de l'argent, trois choses si nécessaires au pauvre, et dont il est si important, si désirable, qu'il ne perde pas une piochée, une minute, une obole.

Ainsi, les femmes de chaque hameau pourraient s'associer pour la conduite de leurs bestiaux ; la garde alternative de leurs enfants ; leurs veilles réciproques, en cas de maladie ; la cueillette des fruits, le ramassage de l'herbe, des noix, des châtaignes, des faînes, des glands, des olives; les vendanges, le fanage et la moisson; le brégeage et le filage du lin et du chanvre; le lavage, battage, blanchissage, savoînage et repassage du linge; le raccommodage des serviettes, robes, draps, nappes, bonnets, jupes, manteaux et habits; le portage et la vente au marché de la ville, des fruits, légumes, beurre, lait, fromage, volailles; et, en retour, l'achat de pain, viande, remèdes, sucre, café, sabots, ustensiles de ménage et poterie; le prêt mutuel de fagots, de salé, d'huile, de boissons, de céréales et de légumineux; l'enfournement et la fabrication du pain, et autres services pareils.

De leur côté, les hommes cohabitants et voisins du même hameau, s'entendraient pour la fauchaison des prés naturels et artificiels; la moisson des blés, seigles, orges, maïs, colzas et sarrasins, et leur battage; le piochage des jardins, du lin, des chanvres; le binage des vignes et des plantes,

telles que les pommes de terre, navets, bet-
teraves et autres, servant à la nourriture
tant des animaux que des hommes; la rentrée, le liage et l'entassement des foins et
des blés; la mise en meules; la coupe, sciage
et emmétrage des bois; le défrichement, l'en-
semencement et la culture de toutes sortes de
terres et de productions: le port et le répan-
dement des marnes, engrais et fumiers; la
façon des fossés à neuf; le curage des rivières,
mares et étangs; l'extraction des sables, tour-
bes, pierres, cailloux, marnes et minerais
d'affleurement; les prix urgents de loyers à
acquitter; les entreprises et exploitations de
toute nature à mener promptement à fin;
les travaux délaissés à reprendre; les asiles
et refuges temporaires à donner aux hommes
et aux bestiaux, en cas d'inondation ou
d'incendie; les journées à avancer; les impôts à payer; les prestations à fournir; les
outils de première nécessité à acheter; les
boissons fortifiantes à se procurer; les secours à se donner, en cas de maladie grave

et accidents subits, de mort de pères ou de mères de famille, de chômage forcé, de cas extraordinaires de vol, dégât, ravage, grêle, gelée, feu du ciel et débordements.

Le Maire ne remplirait pas complétement ses devoirs si, n'allant pas au delà de ses attributions matérielles, il ne donnait pas tous ses soins à corriger les mauvaises mœurs, à propager les bonnes œuvres et les bons exemples, à rétablir la paix des familles, à favoriser les progrès de l'instruction et de la civilisation.

Un Maire ne peut faire le bien comme il doit être fait, s'il ne connaît pas sa commune à fond et sous tous les rapports. Or, pour la connaître ainsi, son premier soin doit être d'en dresser la Statistique avec l'aide du ministre du culte, de l'instituteur, du percepteur, du médecin et des notables; seul moyen, en effet, d'avoir la notion topographique, géologique, financière, religieuse, médicale, instructionnelle, agricole, historique et administrative de chaque localité

Nous avons dit que le Maire devait s'attacher surtout à soigner, à améliorer la vie morale et économique de ses administrés.

Dans beaucoup de villages, les cabarets gâtent les garçons, et les veillées gâtent les filles. Sans doute, il faut laisser aux jeux, agréments, passe-temps et récréations de la jeunesse, une honnête liberté ; et plaise à Dieu que la surveillance du Maire ne dégénère jamais en inquisition et en tracasseries! Mais dans l'intérêt de la morale, des familles, du bon ordre et des jeunes gens des deux sexes eux-mêmes, le Maire peut employer, tour à tour et selon les cas, son autorité, ses conseils et ses œuvres.

La vérité est que c'est souvent dans les veillées et au retour que les filles, ivres de danse, de chansons et de privautés, engagent leur modestie et perdent leur vertu; et au cabaret que les hommes engagent leur raison, et perdent leur argent, leur temps et leurs mœurs. Là, trop souvent, en effet, trop d'entre eux s'attardent dans la soirée. Ils y font la débauche de vins et de liqueurs, de viandes, de cartes, de billard ; s'y moquent du Maire, du ministre du culte, des vieillards et des femmes ; s'y encouragent quelquefois à la rébellion envers l'autorité ; y complotent le mal contre les personnes et les propriétés ; y passent, verbalement ou sous seing privé, des ventes, des baux, des marchés avinés, téméraires, ruineux ; y contractent des dettes de jeu ; s'y abrutissent dans l'orgie ; chantent à tue-tête des chants orduriers, et troublent le repos des voisins ; puis, ils rentrent chez eux dans la nuit, battent leurs femmes, leurs enfants et leurs servantes, jurent, blasphèment et, au lieu de travailler, dorment fort avant dans le jour, pour cuver leur ivresse.

Le Maire doit prescrire l'évacuation des cabarets, à une heure fixe ; surveiller les fraudes de cartes et interdire les jeux de hasard ; réprimer les cris, jurements, tapages et excès d'ivrognerie; prendre les noms des étrangers qui y séjournent; exhorter les mineurs à retourner dans leurs familles et avertir leurs parents.

Le Maire fera bien d'aider, de préparer des Asiles-Agricoles pour les enfants trouvés, délaissés, abandonnés; d'organiser pour les grands garçons des écoles d'Adultes et de Réminiscence; pour les filles et femmes, des Veillées-Ouvroirs; des Refuges d'hiver pour les tout petits enfants; des Prêts à domicile de quelques livres choisis; des Cabinets de lecture et d'écriture servant de Chauffoirs pour les hommes et jeunes gens, le dimanche, au sortir de la messe, et autres œuvres simples, économiques et appropriées aux besoins, aux usages, aux conditions particulières, au degré de civilisation de chaque population et de chaque localité.

Nous ne demandons pas l'impossible. Nous savons que toutes les œuvres de l'homme, que toutes les choses de la terre sont mêlées de bon et de mauvais ; que pour engendrer le plus petit bien, il faut des efforts intelligents, patients, répétés ; mais, ne cessons pas de le redire, c'est le devoir des Maires chrétiens, honnêtes, mais du peuple, de travailler journellement pour le peuple, uniquement pour le peuple ; de s'appliquer à son amélioration matérielle, à son amélioration morale surtout, qui est la conséquence de sa noble et immortelle origine, le complément de sa liberté, la source de son bonheur, la moitié de son être, son être tout entier, pour ainsi dire ; car, par sa moralité, l'homme laborieux subjugue la matière, et la force à lui obéir, à satisfaire ses besoins, à se mouvoir, à se féconder, à produire sous son action et sous ses lois.

Le Maire doit inspirer une telle confiance, un tel respect pour son caractère, son bon sens, sa connaissance parfaite des lieux, des hommes et des choses, que tous les campagnards qui sont sur le point de se mettre en procès les uns contre les autres commencent par l'aller trouver, et par le prier d'arranger leurs différends, après qu'il aura entendu les parties et vu les lieux, les contrats et les plans, comme si elles comparaissaient par-devant un juge de paix volontaire.

Que de procès ne peut-il pas ainsi étouffer dans leur naissance ! que de haines toutes prêtes à s'enflammer ne doit-il pas éteindre ! Que de bonnes paroles n'a t-il pas à leur dire à tous, les paroles de la conciliation, de la charité et de la justice ! Que d'argent épargné ! que de temps précieux laissé à son cours ! que de bénédictions à recueillir ! quelle paix dans la commune !

S'il y a des ménages troublés par des disputes, par des coups et sévices, par l'inconduite, par le jeu, par l'ivrognerie ; s'il y a des frères et sœurs brouillés ensemble, souvent pour un propos mal rapporté, envenimé, inexpliqué ; si des pères repoussent injustement leurs enfants; si des enfants maltraitent, injurient ou maudissent leurs parents; si des vieillards sont laissés dans l'abandon, le mépris, la nudité, la misère; s'il y a lieu d'ouvrir à la pitié l'âme des riches, ou à la réconciliation avec un fils, avec une fille, le cœur longtemps fermé de son père; s'il faut mettre fin à des querelles, à des malentendus de voisinage; si des habitants, plus avides qu'éclairés, succombent à des spéculations insensées; si, par ignorance, ils ne savent pas tirer un parti sûr et meilleur de leur terre, de leur pré, de leur eau, de leur carrière, de leur usine; s'ils ne voient pas l'abîme où des emprunts usuraires, suivis de renouvellements forcés, vont les entraîner; s'il faut leur indiquer le plus solide dépôt, la plus avantageuse fructification de leurs épargnes; s'il faut leur dire comment ils doivent s'arranger pour la commodité de leurs constructions, la sûreté de leur domicile, l'assainissement de leurs chambres, le placement de leurs fumiers, la purification de leurs étables, les soins hygiéniques et préventifs que réclament leurs bestiaux, leurs domestiques et eux-mêmes, en santé comme en maladie; s'il y a lieu de les exciter, de les déterminer pour l'envoi de leurs enfants à l'école, pour le choix de leurs livres, pour les moyens les plus industriellement ou intellectuellement productifs d'employer les longues soirées d'hiver; dans tous ces cas et dans bien d'autres que je passe, le Maire peut intervenir avec une douce et persuasive autorité, et il doit s'y prendre de façon que ce soit plutôt le père que le magistrat qui parle, et que toutes les portes comme tous les cœurs s'ouvrent devant lui sans qu'il y frappe.

N'exagérons rien, soyons vrais, et disons que, depuis un demi-siècle, la civilisation a amélioré la condition matérielle, intellectuelle, agricole, industrielle, hygiénique, civile et sociale du peuple des villes et des campagnes.

Aujourd'hui, le campagnard est mieux logé, mieux nourri, mieux vêtu, mieux fourni en viande, en plantes potagères et fourragères, en instruments de travail et d'agriculture, en bestiaux de toute espèce; en chanvre et en céréales, en linge et en médicaments, en livres et en écoles; mieux soigné en maladie par les médecins et pharmaciens; mieux servi par les routes, les chemins, les rivières et la poste; mieux garanti comme citoyen, mieux défendu comme propriétaire, mieux gouverné, mieux administré et mieux jugé au civil et au criminel. Mais n'y a-t-il pas encore à faire beaucoup pour lui sous tous ces rapports, selon l'esprit de la Charte, selon les lois d'une bonne police et selon les inspirations divines de la religion! Or, plus que les chambres elles-mêmes, que les ministres, que les préfets, que les sous-préfets, les Maires doivent se considérer et s'entremettre comme les agents les plus influents et les mieux placés de la civilisation rurale.

V

DEVOIRS ENVERS LE CONSEIL MUNICIPAL.

Nous venons d'expliquer les devoirs en quelque sorte matériels du Maire envers sa Commune, et ses devoirs, en quelque sorte moraux et économiques, envers les Habitants. Le Maire doit se montrer également soigneux de ses relations avec le Conseil municipal.

A ce sujet, nous tenons pour maxime que le Maire doit toujours se rappeler d'une part, qu'étant entré au Conseil municipal par l'élection, il n'est que le premier parmi ses égaux ; et, d'autre part, qu'étant investi, par délégation, du mandat de l'autorité, il doit la faire respecter et obéir.

Ces deux sortes d'origines, ces deux sortes de fonctions, ces deux mandats pareillement obligatoires, l'un du peuple, l'autre du gouvernement, lui imposent deux sortes de devoirs.

Il doit se présenter au Conseil municipal avec des comptes en règle, et n'ordonnancer que les dépenses nécessaires, consulter le Conseil dans les cas embarrassants, lorsqu'il s'agit de classer les chemins vicinaux; de louer une pâture; d'agrandir ou de déplacer le cimetière; de réparer le clocher; de curer la rivière; de bâtir une école, une mairie, un presbytère; de construire un pont, une digue, un lavoir, un abreuvoir; d'intenter un procès ou de le soutenir; d'emprunter, d'aliéner, d'imposer extraordinairement la commune; de proposer un instituteur; de nommer le pâtre; de choisir le garde champêtre; de confier les registres, les plans cadastraux et la rédaction des délibérations à un secrétaire.

Tout ce qui est recette, vente, bail, fermage, rentes, dépense d'argent, tout ce qui, en définitive, se résout pour la commune en un intérêt pécuniaire quelconque, dépend plus ou moins du Conseil municipal.

Un Conseil municipal de village est une Chambre au petit pied ; il est, comme elle, jaloux de ses attributions ; comme elle, il ne demanderait pas mieux de les excéder, mais c'est ce que le Maire ne doit pas permettre.

Là où finit le conseil, commence l'action. Le Maire doit prendre avis, mais il ne doit pas céder à la séduction ni à la menace, ni à la suggestion de n'être pas plus tard réélu membre du Conseil, et Maire par conséquent. Il ne doit pas souffrir que la minorité violente la majorité, ni que la majorité opprime, à son tour, la liberté de la délibération et du vote. Le Maire ne doit pas se passer de consulter le Conseil, lorsque ce préalable est obligatoire ou seulement utile ; il doit s'en passer, lorsque l'affaire est urgente ou que c'est un acte de pure administration, ou de police locale, ou qu'il lui faut comme agent du gouvernement, exécuter l'ordre de l'autorité supérieure, ou donner des renseignements secrets, ou répondre personnellement à des instructions officielles, ou délivrer des expéditions, passe-ports et certificats. Le Maire, en un mot, ne doit pas laisser forcer par les membres du Conseil, ni excéder lui-même la limite de la compétence, et il faut qu'il se tienne avec eux dans les termes d'une entente cordiale, aussi éloigné du relâchement que de la compression, et de la servilité que de la roideur.

VI

DEVOIRS ENVERS LE MINISTRE DU CULTE.

Si, maintenant, nous étions interrogé sur
la nature des relations du Maire avec le Ministre du culte et l'Instituteur, nous répon-
drions que, si délicates qu'elles soient, il
est facile pour des hommes de bonne volonté, et pour des cœurs animés d'un amour
sincère du bien, de marcher tous trois ensemble, non-seulement sans se froisser, mais
encore en se prêtant un commun secours,
chacun dans sa voie.

Selon nous, un Maire ne doit pas souffrir d'empiétements sur son autorité, ni
s'en permettre, de son côté, sur celle du
Ministre du culte. Il doit l'exemple de l'as-
siduité et de la piété envers son culte et,
en même temps, de la tolérance envers les
autres cultes; protéger la liberté de con-

science ; ne se railler des choses religieuses ni par actions, ni par gestes, paroles,
moqueries et chansons ; rendre à la personne
du Ministre du culte, quel qu'il soit, les
égards respectueux qui lui sont dus ; s'entendre avec lui sur tous les objets de leur
commun ressort : sur la meilleure distribution de secours aux plus misérables ; sur les
réparations nécessaires des toitures, gros
murs et clôtures des églises, presbytères
et cimetières ; sur la sortie et la police
des processions ; sur la sonnerie des cloches en temps d'orage, d'émeute, d'inondation, d'incendie ; sur les heures, lieux
et séparations des enterrements, en cas d'é-
pidémie, de fosses communes ou privées, et
de morts de différents cultes ; sur la décence
des cimetières, les allées, les plantations,
les croix ; sur les inscriptions, pierres et
monuments, sur les susceptibilités des familles, et sur les ménagements à garder
envers leurs sentiments et même envers
leurs caprices pieux, pourvu que la morale

ni l'ordre public n'en soient pas offensés.

C'est au Maire à s'interposer entre le Ministre du culte et les perturbateurs qui voudraient forcer l'entrée des églises et contraindre le prêtre à dire les prières des morts; à protéger la liberté de la religion; à ne pas dénoncer et tracasser ses ministres; à ne pas écouter, avec une triste et funeste complaisance, les mauvais propos, les insinuations et les calomnies de gens toujours prêts à semer la discorde pour recueillir le scandale, et pour jouir et se repaître de leur propre méchanceté.

Se souvenant bien, au contraire, ainsi au surplus que le Ministre du culte, que du bon accord et de l'indépendance respective des deux autorités civile et religieuse, et du sacrifice mutuel et généreux de leurs petites prétentions, doivent résulter la concorde des âmes et la paix de la commune.

VII

DEVOIRS ENVERS L'INSTITUTEUR.

Et si l'on nous demandait ensuite quelle sorte de rapports le Maire doit entretenir avec l'Instituteur, nous nous hâterions de répondre que la surveillance du Maire sur l'École doit être presque journalière, et active sans tracasserie. Il doit veiller, comme gardien des mœurs et de la santé publique, comme délégué implicite des parents, comme membre du comité communal, à ce que les enfants ne soient pas trop entassés dans une salle étroite; à ce que la lumière se répande sur leurs livres et sur leurs cahiers, par des ouvertures espacées; à ce que les vapeurs méphitiques des lieux d'aisance ne les incommodent pas; à ce que la chaleur excessive des poêles de fonte, habituels dans les campagnes, ne leur monte pas à la tête, ni que les courants du vent ne les enrhument pas, lorsqu'ils arrivent en sueur; à ce que chacun d'eux respire une quantité d'air pur, proportionnée au nombre total des élèves; à ce qu'ils ne jouent pas les pieds dans un préau humide et vaseux; à ce qu'ils ne se trouvent pas exposés aux écarts brusques des chevaux et aux roues des voitures; à ce que, dans les écoles mixtes, les garçons soient séparés des filles par une planche haute, sans que pourtant aucun des enfants des deux sexes ne puisse échapper à l'œil du maître; à ce que l'Instituteur soigne autant, si ce n'est plus, les indigents gratuits et les enfants trouvés et abandonnés, que les riches payants; à ce que, s'il y a un Ouvroir, toutes les petites filles pauvres de la commune y soient admises sans rétribution, et fournies, ainsi que les autres enfants, de fil, d'aiguilles, d'épingles, de ciseaux, de canevas, de marquoirs, et des autres matériaux et instruments de travail; à ce qu'il soit, à la fin de l'année.

distribué, et s'il se peut, de la poche du Maire, quelque récompense, sur l'indication de l'Instituteur, à ceux et à celles qui ont le mieux lu, écrit et compté, et, sur la désignation des élèves eux-mêmes, à ceux et à celles qui se seront le mieux conduits; à ce que, s'il y a plusieurs écoles, les unes communales, les autres privées, chacune d'elles reçoive, pour la liberté de l'enseignement, dans les termes de la loi, une protection également tutélaire et bienveillante; à ce que les Instituteurs et Institutrices de la commune ne prennent pas de congés extraordinaires et préjudiciables à l'instruction des enfants, déjà si lente dans les campagnes; à ce que les parents soient, au moment même, informés par le Maire, s'il se passait des choses répréhensibles dans les Écoles mixtes, soit de la part des élèves, soit de la part des instituteurs; à ce qu'il avertisse d'abord secrètement et doucement les maîtres qui fréquenteraient les cabarets, billards et mauvais lieux, et les maîtresses dont les mœurs, les habitudes et le langage exciteraient des plaintes; et à ne pas hésiter, si ses paternelles remontrances étaient négligées, à porter ses observations, dans l'intérêt des parents et de leurs enfants, devant l'autorité compétente; à ce que, d'un autre côté, les enfants vénèrent leurs maîtres et maîtresses; qu'ils prennent une haute idée de leurs fonctions, si précieuses et si vénérables en effet; qu'ils leur obéissent, qu'ils les remercient et qu'ils leur soient reconnaissants; à ce que les Instituteurs soient exactement payés et rétribués; à ce que le Conseil municipal les traite avec faveur; à ce que leurs justes représentations soient écoutées; à ce que le matériel de l'école et l'entretien des bâtiments, dépendances, préaux et jardins, ne manquent pas; à ce qu'il ne soit enseigné aucune doctrine, ni lu aucun livre, ni tenu et proféré aucune parole, ni permis aucuns jeux, gymnastiques et divertissements, contraires à la religion et à la morale, à l'obéissance et au respect dus aux parents, aux autorités locales, au gouvernement et aux lois; enfin, à ce que la meilleure intelligence s'établisse et règne entre le Maire, le Curé et l'Instituteur, sur tout ce qui regarde l'instruction de la jeunesse.

VIII

DEVOIRS ENVERS LES PAUVRES.

Pour achever de tout dire, nous répéterons souvent, nous répéterons sans cesse aux Maires que, dans l'ordre de leurs devoirs envers tout le monde, les pauvres ne sont ni les derniers, ni les moins dignes de leur sollicitude et de leur dévouement.

S'il y a dans la commune un bureau de Bienfaisance, le Maire doit en accroître le revenu avec zèle, mais sans que ce zèle soit outré, et faire les quêtes avec une discrétion productive et non coup sur coup.

Si l'on a établi des ateliers de Charité, le Maire doit veiller à ce qu'ils ne reçoivent que des indigents valides et inoccupés ; à ce que ces ateliers soient des excitations au travail et non des refuges de paresse, ni des moyens d'attroupements tumultueux ; à ce que l'ordre, le silence, la discipline et le labeur y président, et à ce que les travaux aient un but utile à tous.

Un bon, un vrai magistrat de village ne doit jamais oublier qu'il y a plus de pauvres qu'il n'y a de riches, et qu'il est bien plutôt le Maire des malheureux que des heureux. Le riche peut se défendre, mais le pauvre, qui le défendra ? Le riche peut vivre de lui-même et sur lui-même, mais le pauvre ne vit que d'autrui et par autrui. Le riche peut quérir et choisir des journaliers, mais le pauvre n'a pas toujours le temps de chercher ni d'offrir son travail.

Le Maire doit donc être la Providence des pauvres. Il sait, mieux que personne, quels sont ceux qui sont véritablement indigents, quoiqu'ils ne le paraissent pas, et ceux qui le paraissent, quoiqu'ils ne le soient pas ; ceux qui mendient par nécessité, et ceux qui mendient par oisiveté ; ceux qui ont besoin de prêts de grains, et ceux qui ont besoin d'argent comptant ;

ceux à qui manquent les instruments du travail, et ceux qui ont les instruments, mais qui n'ont pas la matière. Tout pauvre qu'on soit, et qu'on le dise, il y en a souvent encore de plus pauvres que vous ne l'êtes, et qui ne le disent pas; de même qu'il y a bien des degrés de la suffisance à l'aisance, de l'aisance à la richesse, de la richesse à l'opulence. Une veuve chargée de famille est plus à plaindre qu'une famille de nombre égal qui a son chef. Généralement, il faut d'abord porter aide aux orphelins, aux veuves, aux vieillards et aux infirmes; car un orphelin, une veuve, un vieillard, un infirme ne peut gagner lui-même le pain de sa pauvre vie. Ce qu'il y a de restant dans la caisse communale, toute dépense obligatoire une fois payée, les deniers d'épargne, en un mot, le fond du sac est à eux. Dans les villages, avec cet argent-là on doit acheter, pour ces ménages-là, un peu de bois, quelques boisseaux d'orge, de blé, de pommes de terre, des sabots, des bas, gilets, jupons et chaussons de laine; d'autre part, des serpes, pioches, bêches, scies, haches, fournies à propos et en temps et lieu, procureront du travail à des mains laborieuses qui n'attendent que cela.

Il y a les misères des instants de chômage et les misères engendrées par la maladie : celles que l'on montre et celles que l'on ne montre pas, pires que les autres; celles qui se désespèrent et celles qui patientent; celles qui se traitent à l'hospice et celles qui se soulagent à domicile; celles qui sont à temps et celles qui sont à toujours.

Toutes ces distinctions, prises sur le fait, n'échapperont pas à un Maire charitable par l'intelligence et par le cœur. Il peut toujours consoler ceux qu'il ne peut pas toujours secourir; il peut trouver de l'ouvrage pour ceux à qui il ne peut pas trouver d'argent; il peut solliciter quelque allocation du Conseil municipal, quelque allégeance; quêter en nature, frapper à la porte des riches, organiser un comité, établir un atelier de travail ; ouvrir des refuges chauffés et alimentés pour les enfants en bas âges ; faire ramasser des pierres aux petits garçons ; rassembler les femmes vieilles et indigentes, avec leurs filles, dans les veillées à la salle d'école ou de la mairie, autour d'un poêle allumé, leur procurer du chanvre ou du lin de dévidage, et leur distribuer quelques fruits crus, quelques soupes, et des pommes de terre cuites ; en un mot, inventer, arranger, disposer des expédients locaux, simples, ingénieux et à bon marché, pour qu'aucun pauvre, homme ou femme, petit ou grand, valide ou infirme, ne souffre pas trop souvent de son corps, et s'il se peut jamais, par défaut d'ouvrage, de chaleur, de nourriture, de logis, de vêtements et de remèdes.

CONCLUSION.

Dans l'ordre des devoirs, ce ne sont pas les plus élevés qui sont les plus dignes d'estime, ce sont les mieux accomplis. On n'a pas besoin, pour être un bon Maire de village, d'avoir de grandes lumières, une suite d'ancêtres illustres, ou beaucoup de fortune. Il suffit d'avoir de la probité, du bon sens, un caractère conciliant et ferme, et la volonté de bien remplir sa charge.

Quelle peut être et quelle est l'ambition d'un Maire de village, si ce n'est celle de tous les honnêtes gens qui s'acquittent bien de leur office ?

Quelle peut être sa récompense, si ce n'est de se pouvoir dire en quittant ses fonctions :

« Grâce à Dieu, je n'ai pas manqué à l'exemple de la tempérance et des mœurs, d'abord pour faire mon devoir envers moi-même, et ensuite pour être plus en mesure et plus en droit d'avertir les autres.

« Je n'ai jamais agi, dans les affaires de la commune, par faveur ou par haine, ni à mon avantage ou à mon lucre, aux dépens d'autrui.

« J'ai exécuté ponctuellement les ordres de l'autorité supérieure.

« J'ai dressé avec régularité les actes de l'état civil.

« J'ai défendu avec vigilance les intérêts de la commune, tenu en bon état ses bâtiments, bois, pâtures et domaines, pourvu à sa subsistance, à sa sûreté, à sa salubrité, à sa viabilité.

« J'ai prêté secours à la justice, protégé l'agriculture, encouragé l'instruction.

« J'ai maintenu l'union entre toutes les autorités.

« J'ai marché d'accord avec le conseil municipal.

« J'ai mis la paix dans les familles.

« J'ai donné la main à toutes les œuvres utiles, aux caisses d'épargne, aux associations de secours et de travaux mutuels, aux asiles agricoles, aux écoles d'adultes, aux ouvroirs, aux chauffoirs, aux veillées.

« J'ai tâché de suffire à ceux qui ne peuvent se suffire à eux-mêmes, aux enfants trouvés, aux vieillards, aux infirmes et aux indigents.

« J'ai pu, j'ai dû déplaire à quelques habitants, dans l'exercice de mes fonctions ; je le crois et je le sais ; mais je sais aussi qu'un Maire qui voudrait plaire à tout le monde ne remplirait ses obligations envers personne. C'est consolant sans doute, c'est honorable

pour moi d'avoir mérité par mon impar-
tialité, par mon zèle et par mon dévouement,
la confiance et l'estime des gens de bien;
mais n'eussé-je, devant ma conscience
et devant Dieu, que la satisfaction d'un
devoir acquitté sincèrement, je ne deman-
derais pas d'autre témoignage, et je n'am-
bitionnerais pas d'autre récompense. »

FIN.

TABLE.

Paris. — Imp. Schneider, 1, rue d'Erfurth.

www.ingramcontent.com/pod-product-compliance
Lightning Source LLC
Chambersburg PA
CBHW061355060726
47597CB00003B/873